Wichtiger Hinweis:
Autorin und Verlag nehmen ausdrücklich Abstand von jeglicher Haftung für eventuell auftretende Schäden aus dem richtigen oder unrichtigen Gebrauch der in diesem Buch vorgestellten Methoden. Diese dienen lediglich zur Information für Interessierte und ersetzen selbstverständlich weder einen Arzt, Heilpraktiker oder einen erfahrenen Yogalehrer.

Bibliografische Information der Deutschen Nationalbibliothek: Die Deutsche Nationalbibliothek verzeichnet diese Publikation in der Deutschen Nationalbibliografie; detaillierte bibliografische Daten sind im Internet über www.dnb.de abrufbar.

© 2015 Nadja Curth-Schulczek

Herstellung und Verlag: BoD – Books on Demand, Norderstedt

ISBN: 978-3-73479-061-4

Auf der Reise zu mir selbst gibt es viele Wegbegleiter.

Ausdrücklich möchte ich mich bedanken bei allen Mitarbeitern der Villa Katharina in Bremen, bei Ionut Istrate, der mich auf die Reise geschickt hat, bei Dr. Rajesh K. Mishra für alles, was er mir auf den Weg mitgegeben hat und ganz besonders bei meinem Mann Uwe, der mir jeden Tag wieder ganz bewusst seine Hand entgegenstreckt, um den neuen Tag mit mir gemeinsam zu begrüßen. Für alles und für alle bin ich sehr dankbar!

INHALT	SEITE
Hatha-Yoga	5
Shatkarma	7
Kontra-Indikationen und allgemeine Hinweise	8
Die 6 Reinigungsübungen in der Übersicht	9
Jala Neti – Nasenspülung	10
Dhauti: Kunjal Kriya – Magenspülung	12
Shankhaprakshalana – Spülung des Darms	14
Basti – Einlauf	20
Nauli – Bauchmassage	20
Kapalabathi – Reinigung der Lungen	21
Trataka – Reinigung der Augen	23
Noch ein paar Worte zum Schluss	26
Rezept Khichari	27
Weiterführende Literatur	28

HATHA YOGA

„shtira sukham asanam" – Patanjali, Hatha Yoga Pradipika

Harmonie between „head, heart and hands" – Swami Sivananda

„Yoga macht Dein Leben nicht einfacher, aber Du lernst, innerlich einfacher mit Deinem Leben umzugehen."

In einer Zeit, in der gerade hier im Westen ein jeder nur noch gemessen wird an der Leistung und Hingabebereitschaft für den Job, den schnellen Profit und dieser Schnelllebigkeit seinen Tribut zollen muss, ist es kein Wunder, dass immer mehr und mehr Menschen sich irgendwann zurückziehen, um sich bewusst zu machen, wo sie eigentlich stehen. Und diese Menschen zählen zu den Glücklichen unter uns. Wer diesen Zeitpunkt tatsächlich verpasst und auch den letzten Hinweisen seines Körpers und seines Geistes mit weiterer Ignoranz begegnet, rutscht bereits eine Etage tiefer und ist mittendrin in der großen neuen Volkskrankheit, dem sogenannten „Burn-Out".

Es ist also kein Zufall, dass Yoga hier bei uns einen immer größeren Zulauf erhält. Selbst wer nur einmal in der Woche Zeit findet, sich in einem 90minütigen Zeitraum einem Yogakurs anzuschließen, genießt die Erfahrung, sich diese 90 Minuten ganz bewusst mit sich selbst, seinen eigenen Grenzen und Möglichkeiten - körperlich wie mental - zu beschäftigen. Endlich wird der Geist ruhiger, endlich wird einem wieder bewusst, wie wichtig das richtige Atmen ist, endlich konnte man sich wieder einmal richtig strecken, endlich weiß man wieder, wo die eigenen Grenzen sind oder wo man vielleicht nur bisher meinte, dass sie „so ungefähr liegen müssten". Es ist erstaunlich, was man beim Yoga alles über sich selbst lernt! Man kommt sich doch tatsächlich selbst wieder ein Stück näher.

Hatha-Yoga gehört dabei mit zu den populärsten Yogastilen in unserer Region. Dem Zitat *shtira sukham asanam* begegnen Sie bei der Definition von Hatha-Yoga immer wieder. Es bedeutet (stark vereinfacht), dass Sie mit Gelassenheit in einer festen und stabilen, kraftvollen Haltung Harmonie im Körper erzeugen können. Das zweite Zitat spricht mich persönlich noch viel mehr an: Harmonie zwischen „*head, heart and hands*", also zwischen dem Kopf in Form von Gedanken, dem Herzen und dem Handeln: das ist mindestens eine genauso große Sache. Wundern Sie sich nicht, wenn Sie mit diesen beiden kurzen Sätzen stundenlange philosophische Diskussionen eröffnen können. In beiden Aussagen steckt enorm viel, über das sich nachzudenken lohnt!

Ha – Tha, das steht wörtlich für die Sonne (ha) und den Mond (tha), für Gegensätze also, die unbedingt in einem fein aufeinander abgestimmten Gleichgewicht gehalten werden sollten. Und dem manchmal selbst fehlendem Gleichgewicht entspringt ja oft der Wunsch, sich mit Yoga zu beschäftigen, um sich selbst wieder in der Mitte zu fühlen.

Das Ziel, den Körper, den Geist und die eigenen Emotionen in Einklang zu bringen ist abhängig davon, den eigenen Energiefluß im Körper zu harmonisieren, Blockaden zu lokalisieren, zu lösen und sich somit wieder freier entfalten zu können. Die Lebensenergie (Prana) durchdringt unseren gesamten Körper durch unsere Energieleitbahnen, den sogenannten Nadis. An dieser Stelle sei nur kurz auf die Haupt-Nadis hingewiesen: zu denen zählen Ida und Pingala. Pingala, lokalisiert am rechten Nasenloch, steht für die Sonne (ha), das Männliche, das Aktive, die Hitze, Yang, das Extrovertierte, das Bewusstsein und die linke Gehirnhälfte. Ida befindet sich am linken Nasenloch und steht für die Gegensätze: den Mond (tha), das Weibliche, das Inaktive, die Kälte, Yin, das Introvertierte, das Unterbewusste, die rechte Gehirnhälfte. Beide Energieleitbahnen schlängeln sich um die Wirbelsäule herum bis zum

Muladhara-Chakra, dem Wurzelchakra, dem die meisten Nadis entspringen.

Nur der absolute Ausgleich dieser beiden großen Nadis ermöglicht es, den Haupt-Energiekanal, das Sushumna-Nadi zu öffnen, damit die Kundalini-Energie die Wirbelsäule von unten nach oben aufsteigen kann. Und auch nur, wenn das Sushumna-Nadi geöffnet ist, ist Meditation überhaupt möglich.

Um Ida und Pingala in ein solches absolutes Gleichgewicht zu bringen, ist ein ausgewogenes Zusammenspiel von Asanas (körperlichen Haltungen), Pranayama (Atemübungen), Mudras (Gesten) und Bandhas (Verschlüssen) nötig.

SHATKARMA

Das Beste, was Sie für sich tun können: schaffen Sie ideale Voraussetzungen für alle diese Übungen! Machen Sie sich vertraut mit den Praktiken der Yoga-Reinigung, den Shatkarmas. „Shat" bedeutet sechs, „karma" steht für Handlungen. Die Shatkarmas, die Reinigungsübungen des Hatha Yoga sind ein unverzichtbarer Bestandteil und umfassen als solche sechs Gruppen der Reinigungsrituale. Sie alle geben dem Körper und Geist Energie, Vitalität und Kraft, halten gesund und unterstützen die natürlichen Heilungsprozesse. Umwelteinflüsse, innere Blockaden, Medikamentenrückstände, Rückstände von ungesunder Nahrung und Symptome von Stress – kaum jemand wird von sich behaupten können, dass er nichts von dem ausgesetzt ist.

Shatkarma, die früher ausschließlich mündlich überliefert wurden, wurden in der Schrift „Hatha Yoga Pradipika" in Form einer Anleitung festgehalten. Ausdrücklich wird hier darauf hingewiesen (Kapitel 2, Vers 21), dass diese Form der Reinigung von denjenigen ausgeführt werden soll, die sich im Ungleichgewicht befinden. Hier wird von den drei Doshas gesprochen, die bestimmten Konstitutionstypen entsprechen bzw. ein bestimmtes Ungleichgewicht des Einzelnen genauer spezifizieren. Die Lehre der Doshas finden Sie auch im Ayurvedischen und beinhaltet weit mehr, als sich in einem kurzen Kapitel hier zusammenfassen lässt. Die drei einzelnen Doshas sind eingeteilt in Vata, Pitta und Kapha.

Sehr stark vereinfacht und ausschließlich heruntergebrochen auf den Bereich dieses Buches steht Vata für ein Übermaß an Gasen, Pitta für ein Übermaß an Galle und Säure, Kapha für ein Übermaß an Schleim im Körper. Mit Hilfe der Reinigungstechniken lässt sich hier wieder ein Gleichgewicht herstellen. Menschen, bei denen ein Gleichgewicht bereits vorherrscht, brauchen sich mit den Shatkarmas laut der Hatha Yoga Pradipika ausdrücklich nicht beschäftigen.

KONTRA-INDIKATIONEN UND ALLGEMEINE HINWEISE

An dieser Stelle möchte ich ganz deutlich darauf hinweisen, dass Sie bitte – Ihnen selbst zuliebe – Shatkarmas nicht aus einem Buch erlernen sollten! Lassen Sie sich insbesondere beim ersten Mal von einem erfahrenem Yogalehrer anleiten. Wenn Sie eine Reihe der Übungen bereits einmal unter Anleitung praktiziert haben und es dabei zu keinerlei Komplikationen kam, spricht natürlich grundsätzlich nichts dagegen, diese Übungen auch zu Hause für sich zu praktizieren.

DIE 6 REINIGUNGSÜBUNGEN IN DER ÜBERSICHT

Der große Vorteil der Shatkarmas: Man benötigt nicht viel. Ausschließlich Wasser, etwas Salz, Luft und kontrollierte Bauchbewegungen genügen, um sich mit

Neti (Reinigung der Nase)

Dhauti (Reinigung des Magens)

Basti (Reinigung des Dickdarms)

Nauli (Reinigung des Dünndarms)

Kapalabhati (Reinigung der Lungen) und

Trataka (Reinigung der Augen) zu beschäftigen.

NETI – DIE REINIGUNG DER NASE

Diese Übung bereitet den allermeisten unter uns die wenigsten Schwierigkeiten. Wobei man hier das Wort Schwierigkeiten insofern gebrauchen muss, dass es bei fast allen Shatkarmas hauptsächlich darum geht, sich innerlich vorab frei zu machen von möglichen Vorurteilen und einfach offen mit den Übungen umzugehen.

Die Reinigung der Nase kann durch verschiedene Maßnahmen erfolgen. Hier möchte ich Ihnen die einfachste Form beschreiben: Jala Neti – die Nasenspülung mit Wasser.

Bei Jala Neti sollten Sie sich ein entsprechendes Nasenkännchen zulegen.

Dieses Nasenkännchen gibt es in den verschiedensten Formen, Farben und aus ebenso verschiedenen Materialien.

Das Kännchen wird mit lauwarmem, leicht gesalzenem Wasser gefüllt, so dass diese Flüssigkeit geschmacklich der Tränenflüssigkeit nachkommt. Als Richtwert können Sie davon ausgehen, dass Sie auf einen halben Liter Wasser etwa ein Teelöffel Salz geben (4g) und verrühren. Besorgen Sie sich dafür kein teures Spezialsalz. Gutes, feines Speisesalz, wie Sie es vermutlich ohnehin schon im Haus haben werden, ist dafür völlig ausreichend!

Das Salz sichert, dass der osmotische Druck dem der Körperflüssigkeiten entspricht. So verhindern Sie mögliche Reizungen.

Die Vorgehensweise besteht darin, dass Sie ihren Oberkörper (entspannt!) etwas nach vorne beugen, beginnen Sie dann statt durch Ihre Nase durch Ihren Mund zu atmen und mit der Öffnung des Nasenkännchens sorgfältig das eine Nasenloch zu verschließen. Durch ein leichtes Kippen Ihres Kopfes wird das Wasser, was nun durch das eine Nasenloch einfließen kann, durch das andere Nasenloch automatisch wieder ausfließen.

Das bietet sich geradezu über einem Waschbecken an. Wenn Sie dabei etwas salziges Wasser im Rachen schmecken, verändern Sie noch einmal Ihre Körperhaltung, in dem Sie sich noch etwas weiter nach vorne lehnen oder den Winkel Ihrer Kopfhaltung etwas verstärken. Wenn Sie ruhig und entspannt durch den Mund atmen, ist Jala Neti keine große Sache: Sie atmen lediglich, das Wasser läuft von allein durch die Nase.

Lösen Sie das Nasenkännchen, richten Sie Ihren Kopf gerade und schnauben Sie sanft Ihre Nasenlöcher frei. Beugen Sie dann Ihren

Kopf zur anderen Seite und wiederholen Sie den Vorgang mit dem anderen Nasenloch.

Achten Sie insbesondere im Nachgang darauf, Ihre Nase dann vollständig zu trocknen. Dazu verschließen Sie mit dem Finger zuerst das rechte Nasenloch, halten den Kopf aufrecht und atmen stoßweise durch das noch geöffnete Nasenloch aus, während Sie passiv durch die Nase wieder einatmen. Wiederholen Sie diese Atmung zehnmal, atmen Sie dann einmal tief durch ebendieses Nasenloch ein und wieder aus, verschließen dann die andere Seite und wiederholen die Prozedur der stoßweisen Ausatmung mit der geöffneten rechten Seite Ihrer Nase, bevor Sie auch hier mit einer tiefen Ein- und Ausatmung abschließen.

Das vollständige Trocknen der Nasenschleimhäute ist wichtig, damit Sie nicht mit Nebenwirkungen wie möglichen Kopfschmerzen oder ähnliches den Rest des Tages beschäftigt sein müssen. Hinweise darauf, dass Sie noch Wasser im Körper haben, sind zum Beispiel nachträgliche Niesanfälle. Zum Überprüfen, ob die Nasenwege wirklich frei sind, stellen Sie sich aufrecht hin, strecken Sie Ihren Körper und geben bei der Einatmung die Arme hoch über den Kopf, während Sie bei der Ausatmung Ihren Oberkörper nach unten fallen lassen. Sie werden sich wundern, wie häufig dann doch noch mal Wasser aus der Nase austritt. In dem Fall wiederholen Sie bitte noch einmal die wechselseitige Nasenatmung wie oben beschrieben und fügen die Kapalabathi-Atmung (siehe Seite 21) durch beide Nasenlöcher noch hinzu.

Diese Übung trägt dazu bei, dass sich die Nasenwege von vorherrschendem Schleim (Kapha) und Schmutz reinigen lassen. Sie werden sich nach der Übung deutlich frischer und wacher fühlen. Außerdem starten Sie positiv eingestimmt in den neuen Tag, denn durch die direkte Stimulierung der beiden Hauptenergiekanälen Ida und Pingala am linken und rechten Nasenloch sorgen Sie bereits automatisch für eine Ausgeglichenheit und Harmonisierung Ihrer beiden Gehirnhälften. Insbesondere Allergiker, die unter Heuschnupfen leiden, profitieren von Jala Neti, da Sie die Nasenschleimhäute sanft von Pollen befreien können. Durch regelmäßiges Praktizieren dieser Übung erhöhen Sie Ihre Widerstandskraft gegen Erkältungskrankheiten.

Von der Nasenreinigung sollten Sie absehen, wenn Sie zu häufigem Nasenbluten neigen und während einer akuten, fiebrigen Erkältung.

DHAUTI – DIE REINIGUNG DES MAGENS

Aus dieser Reihe möchte ich Ihnen die Reinigung des Magens durch Erbrechen von Salzwasser vorstellen, auch bekannt als **Kunjal Kriya**.

Für diese Übung sollten Sie sich am Vormittag genügen Zeit nehmen. Lassen Sie sich nicht durch einen Anschlusstermin im Vorhinein schon unter Druck setzen. Verzichten Sie auf ein vorheriges Frühstück und bereiten Sie alles vor, indem Sie auf etwa 2 Liter warmes Wasser drei bis vier Teelöffel Speisesalz zusetzen und vollständig auflösen. Waschen Sie Ihre Hände und arbeiten Sie mit kurzen Fingernägeln.

Diese Übung können Sie entweder drinnen durchführen (zum Beispiel vor einem Ausguss) oder auch in Ihrem Garten.

Trinken Sie nun in einem möglichst schnellen Tempo mindestens sechs Gläser von diesem Wasser. Atmen Sie dabei ruhig durch die Nase und entspannen Sie dabei. Widerstehen Sie am Anfang einem möglicherweise auftretenden Brechreiz, denn Ziel dieser Übung ist es, erst bei einem völlig mit Wasser gefülltem Magen, alles schwallweise wieder hinauszustoßen. Da das Trinken von Salzwasser für die meisten aber sehr ungewohnt ist, empfinden das viele am Anfang als sehr unangenehm.

Wenn Sie nach dem Trinken das Gefühl haben, dass nichts mehr in Ihren Magen hineingeht, setzt der Brechreflex oft schon automatisch ein. Beugen Sie Ihren Oberkörper nach vorne, schließen Sie unbedingt Ihre Augen, geben Sie zur Unterstützung Zeige- bis Ringfinger in Ihren Mund, drücken Sie die Zunge runter und bewegen Sie möglicherweise zur weiteren Stimulation hinten Ihre Fingerspitzen bis zum Zäpfchen. Das Wasser und überschüssiger Schleim wird dann in einem großen Schwall aus dem Magen befördert. Wiederholen Sie die Reizung mit den Fingern im Mund so oft, bis kein Wasser mehr schwallweise hinausbefördert wird. Wenn Sie jetzt zusätzlich einen etwas unangenehmen Geschmack im Mund spüren, beenden Sie die Übung, denn in dem Fall zeigt Ihnen die Gallenflüssigkeit an, dass kein weiteres Wasser mehr zurückgeblieben ist.

Atmen Sie im Anschluss ein paar tiefe Atemzüge entspannt ein und aus. Nach dieser Übung bietet es sich an, Jala Neti direkt im Anschluss durchzuführen.

Ruhen Sie sich hinterher noch etwa eine halbe Stunde aus, bevor Sie sich wieder ihrem gewohnten Tagesablauf zuwenden.

Durch diese Übung lassen sich Atemwegserkrankungen lindern, denn überschüssiger Schleim wird durch starke Muskelkontraktionen herausbefördert. Das Schlüsselwort für Kunjal Kriya ist „loslassen", gerade auch auf emotionaler Ebene. Mit dieser Übung lassen sich verschiedenste Blockaden, Konflikte und Anspannungen lösen.

Sehen Sie von dieser Übung ab, wenn Sie unter Bluthochdruck, Herzproblemen, Magengeschwüren oder anderen ernsthaften

Erkrankungen im Bereich Magen oder Bauch leiden. Für Schwangere ist diese Übung aus verständlichen Gründen ebenfalls nicht geeignet.

Eine weitere Form ist **Varisara Dhauti** oder **Shankhaprakshalana**, die sogenannte Darmwäsche.

Hierzu benötigen Sie zur Vorbereitung ausreichend Zeit am Vormittag. Planen Sie auch für den weiteren Tagesverlauf ein, es insgesamt etwas ruhiger angehen zu lassen. Auch hier benötigen Sie wieder etwa 2 Liter lauwarmes, leicht gesalzenes Wasser (siehe auch Seite 12). Nach der Prozedur ist es wichtig, dass Sie Ihren Magen und ihre Magenschleimhäute wieder vorsichtig aufbauen. Hierfür sollten Sie eine spezielle Mahlzeit vorbereitet haben, das *Khichari.* Diese besteht aus Reis, Mungobohnen und Gewürzen, welches Sie dann nach Abschluss mit Ghee vermengen. Ein entsprechendes Rezept finden Sie unter Seite 27.

Nehmen Sie kein Frühstück zu sich, damit ihr Körper nicht unnötig belastet wird.

Die Vorgehensweise sieht so aus, dass Sie jeweils zwei Becher von dem Wasser in einem möglichst schnellem Tempo trinken, danach führen Sie 5 verschiedene Asanas in immer derselben Reihenfolge etwa 7 bis 10 Mal aus. Das ist eine Runde. Wiederholen Sie das insgesamt drei Mal. Nach der dritten Runde – oder bei Bedarf auch früher – gehen Sie auf die Toilette, entspannen sich und schauen, ob etwas passiert. Nach spätestens zwei Minuten, in denen sich unter Umständen nichts tun mag, kehren Sie wieder zurück und wiederholen noch einmal ein bis zwei Runden.

Bei den 5 Asanas handelt es sich um:

1) TADASANA (DIE PALME)

Stellen Sie sich aufrecht hin, verschränken Sie Ihre Hände über den Kopf, die Handinnenflächen schauen dabei nach oben.

Fixieren Sie vor sich einen Punkt und strecken Sie dann Ihren ganzen Körper in die Länge: Arme gen Himmel, die Ellenbogen durchgestreckt, den Oberkörper in die Länge ziehen, die Beine strecken sich, stehen Sie dabei auf den Zehenspitzen und halten Sie das Gleichgewicht.

Atmen Sie ein, während Sie sich gen Himmel strecken, atmen Sie aus, wenn Sie die Arme wieder senken und Ihr Gewicht wieder auf den ganzen Fuß verteilen.

Das ist eine Runde.

2) TIRYAKA TADASANA (SICH WIEGENDE PALME)

Sie beginnen wie bei Tadasana, nur geben Sie von Anfang an die Füße etwa hüftbreit auseinander.

Atmen Sie ein, während Sie sich strecken. Die Füße bleiben hier fest auf dem Boden. Beim Ausatmen strecken Sie sich seitwärts aus der Taille heraus erst nach rechts, beim Einatmen kommen Sie wieder zur Mitte.

Beim Ausatmen strecken Sie sich dann nach links. Kommen Sie mit der Einatmung wieder zur Mitte.

Das ist eine Runde.

3) KATI CHAKRASANA (TAILLENDREHUNG)

Stehen Sie aufrecht, die Füße etwa hüftbreit auseinander. Halten Sie die Arme seitlich und beginnen Sie, sich aus der Taille heraus nach rechts zu drehen. Dabei geben Sie Ihren rechten Arm von hinten an Ihre linke Taille, während Ihre linke Hand sich auf Ihrer rechten Schulter ablegt. Nehmen Sie den Kopf mit und blicken von oben über Ihre rechte Schulter bis auf die Ferse Ihres linken Fußes. Halten Sie die Position für zwei bis drei Atemzüge.

Kommen Sie dann zurück zur Mitte und strecken dabei wieder die Arme seitlich von Ihrem Körper ab. Wiederholen Sie die Übung zur anderen Seite.

Das ist eine Runde.

4) TIRYAKA BHUJANGASANA (SICH DREHENDE KOBRA)

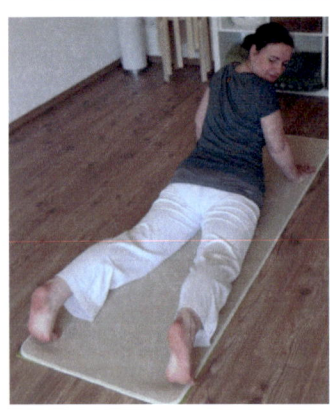

Legen Sie sich auf den Bauch, geben Sie die Beine etwa schulterbreit auseinander und stellen Sie die Fußspitzen auf. Legen Sie die Hände etwa unterhalb der Schultern neben Ihren Körper, die Fingerspitzen schauen nach vorn. Atmen Sie ein und richten Sie Ihren Oberkörper auf, strecken Sie die Ellenbogen und halten Sie den Bauchnabel dicht an den Boden. Drehen Sie mit der Ausatmung den Oberkörper nach links und schauen Sie über die linke Schulter auf Ihre rechte Ferse. Mit der Einatmung richten Sie Ihren Oberkörper wieder gerade aus. Mit der nächsten Ausatmung drehen Sie den Oberkörper dann zur anderen Seite, bevor Sie mit der Einatmung dann wieder in die neutrale Position kommen. Das ist eine Runde.

5) UDARAKARSHANASANA (BAUCHWRINGER)

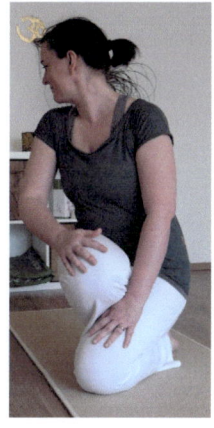

Hocken Sie sich auf den Boden, beide Hände jeweils auf den Knien ruhend. Öffnen Sie die Beine bei der Einatmung und geben Sie dann das rechte Knie quer unter das linke bei der Ausatmung. Drücken Sie dabei das linke Knie mit der linken Hand weiter nach vorn, während sich Ihr Oberkörper mit dieser Hebelbewegung nach links hinten öffnet. Lassen Sie den Blick folgen. Halten Sie die Position für etwa 3 Sekunden und kommen dann wieder nach vorne, richten beide Knie aufrecht wieder aus und kehren dann die Position zur anderen Seite um.

Das ist eine Runde.

Diese 5 Übungen fördern die Bewegung des aufgenommenen Wassers vom Magen durch den Darmbereich bis zum Schließmuskel. *Insbesondere bei der letzten Übung gelten Einschränkungen für Ischias- und Kniebeschwerden. Auch bei Rückenproblemen sollten Sie diese Übungen nicht ohne gute Anleitung ausüben.*

Wenn der Drang zur Stuhlentleerung einsetzt, brechen Sie natürlich jederzeit zwischendurch ab und geben diesem auf der Toilette nach. Am Anfang scheiden Sie festen Stuhl aus. Je länger die Übung andauert, desto flüssiger wird der Stuhlgang, bis Sie zum Schluss nahezu nur noch möglichst klares Wasser ausscheiden. Sie brauchen sich keine Sorgen zu machen: es handelt sich ja nur um Wasser. Es gibt nicht viele Wege, auf denen Ihr Körper dieses ausscheiden wird, aber: es wird nicht dauerhaft im Körper bleiben. Von daher bleiben Sie bitte während der ganzen Übungsreihe entspannt.

Hat der Drang zur Toilette erst einmal umfassend eingesetzt, wird kein weiteres Wasser mehr getrunken. Legen Sie sich in die Totenhaltung (Shavasana) und gönnen Ihrem Körper und Ihrem Geist etwas Ruhe, ohne dabei einzuschlafen. Sie werden auch so noch das eine oder andere Mal zur Toilette gehen müssen.

Wenn Sie der Meinung sind, dass der Gang zur Toilette weitreichend abgeschlossen sein müsste, führen Sie im Anschluss Kunjal Kriya aus und fügen noch Jala Neti hinzu, um Ihrem Körper für diesen Tag das Bestmögliche mitzugeben. Gönnen Sie sich nun umfassend Ruhe. Nach etwa 45 Minuten essen Sie die erste Mahlzeit des zuvor vorbereiteten Khichari.

Das Khichari im Zusammenhang mit flüssigem Ghee schützt Ihre Darmwände, die nach dieser Prozedur einen gesunden Wiederaufbau benötigen und um die Darmperistaltik wieder gut in Schwung zu bringen. Während Sie auf das Essen auf keinen Fall verzichten sollten, ist es kein Problem, wenn Sie noch keinen Durst verspüren. Trinken Sie frühestens nach der ersten Mahlzeit. Bleiben Sie dabei bei (ungesalzenem - ☺) Wasser.

Gehen Sie den Rest des Tages ruhig an, tun Sie nur, was Ihnen gut tut und nehmen Sie das Khichari auch noch für eine weitere Mahlzeit im Verlauf des Tages zu sich. Sie haben hier einen idealen Zeitpunkt, um direkt im Anschluss Ihre Ernährung gegebenenfalls umzustellen. Achten Sie insbesondere darauf, gerade am Anfang nur gesunde und möglichst unbehandelte Lebensmittel zu sich zu nehmen, da Ihr Verdauungssystem noch sehr empfindlich ist.

Shankhaprakshalana bietet sich zum Wechsel der Jahreszeiten, idealerweise zum Wechsel Winter/Frühjahr an und sollte in der ausführlichen Form nicht mehr als zweimal im Jahr durchgeführt werden. Alternativ können Sie sich mit *Laghu Shankhaprakshalana* auseinandersetzen, der sogenannten kleinen Darmreinigung. In diesem Fall begrenzen Sie das Trinken und die Asanas auf lediglich 3 Runden, um die Darmfunktionen allgemein zu fördern. Besondere Ernährungsregeln brauchen in diesem Zusammenhang dann nicht beachtet zu werden. Natürlich sollte ganz grundsätzlich aber eine ausgewogene und gesunde Ernährung zu jedem Zeitpunkt immer die erste Wahl sein.

Die vorerst genannte vollständige Darmwäsche bietet sich an, um den Körper und den Geist von Giftstoffen zu reinigen und um die Energie in unserem Körper, das Prana wieder frei zum Fließen zu bringen. Körperlich werden mögliche Kleinstmengen von Kotresten im Darm herausgespült, die Ursache dafür sind, dass sich unser Körper von innen langsam selbst vergiftet, da die Stoffe aus dem Darm direkt in unseren Blutkreislauf gegeben werden. Eine regelmäßige Darmreinigung soll den Alterungsprozess abmildern und stärkt in jedem Fall Ihr Immunsystem.

Sie sollten von Shankhaprakshalana absehen, wenn Sie diese noch nie unter Anleitung eines erfahrenen Yogalehrers durchgeführt haben! Diese Übung eignet sich nicht, um sie im Alleingang für sich auszuprobieren. Aus eigener Erfahrung kann ich Ihnen sagen, dass es zudem sehr entspannend ist, sich mit einer kleinen Gruppe Gleichgesinnter zusammenzutun: Sie haben deutlich mehr zu lachen und viel Humor nimmt den eigentlichen mentalen Stress, den man sich als West-Europäer mit einer solchen Übung meint anzutun. Außerdem ist es wichtig, dass Sie das Gefühl haben, sich umsorgt zu fühlen und sicher möchten Sie nicht gleichzeitig die Mahlzeit kochen, während Sie mit dem Körper und dem Kopf ganz andere Dinge zu tun haben. Loslassen und Verantwortung abgeben lernen – auch darüber ließe sich ein ganzes Buch schreiben! Nehmen Sie hier meinen Rat ganz besonders an – Ihnen selbst zuliebe!

BASTI

Der traditionellen Art von Basti – dem Einlauf mit Wasser wird man in unseren Regionen vermutlich nicht so häufig begegnen. Und das ist unter Umständen auch ganz gut so, kommt es doch unseren westlichen Ansichten von Privatsphäre, Reinlichkeit und Umweltschutz nicht ganz entgegen.

Traditionellerweise stellt man sich dafür am besten in ein fließendes Gewässer, beugt sich ein wenig nach vorn und weitet den Schließmuskel des Pos, um Wasser in den Darm einströmen zu lassen. Dieses Wasser soll dann eine gewisse Zeit lang im Inneren gehalten werden, um dann stoßweise wieder den Körper zu verlassen. Das reinigt natürlich den Dickdarm, weil alle alten Reste mit ausgeschieden werden. Selbstverständlich gibt es unterschiedlich abwandelbare Varianten. Sprechen Sie mit Ihrem erfahrenem Yogalehrer, er wird Sie da in der Form einweisen können, wie es für Sie gut umsetzbar ist.

Einläufe sind insbesondere aus dem Ayurvedischen bekannt. Hier geht es dann aber oft darum, bestimmte Öle oder einen Sud aus bestimmten Kräutern einzuführen, um einen entsprechenden therapeutischen Nutzen zum Ausgleich der Doshas herbeizuführen und bestimmte Krankheitsbilder zum Abheilen zu bringen.

NAULI

Unter Nauli versteht man eine Bauchmassage, die insbesondere viel Übung, viel Körpergefühl und eine immense Konzentration einfordert, da Sie willentlich Muskelgruppen in Bewegung setzen, bei denen Sie bisher - ohne Yoga – noch nie versucht haben, diese gezielt arbeiten zu lassen.

Durch gezielte Kontraktion der mittleren, senkrecht verlaufenen Bauchmuskeln, die dann rollierend die Muskelgruppen rechts und links erfassen, entsteht ein Bauchkreisen, was sämtliche Organe im Bauchraum massiert und im Körperinneren sehr viel Wärme erzeugt. Es regt den Appetit und die Verdauung an und verhilft durch die enorm starke Selbstkontrolle über den Körper zu einem erhöhten Selbstwertgefühl. Die Lebensenergie, das Prana, wird deutlich angeregt.

Eine kurze Anleitung finden Sie z.B. auf YouTube unter

https://www.youtube.com/watch?v=f6v1qeDJUB0

(learn nauli kriya step by step von „mydailyyoga")

Damit möchte ich Ihnen natürlich nicht etwa nahelegen, dass man Nauli in 7 Minuten erlernen kann. Vielmehr erhalten Sie mit dem Video einen sehr guten Einblick, dass Nauli eben keine Übung ist, die man „über Nacht" erlernt. Unter kompetenter Anleitung können Sie aber kontinuierlich lernen, die entsprechenden Bandhas zu setzen und mit Vorübungen die Isolation der Bauchmuskulatur zu steuern.

KAPALABATHI

Gut in den Alltag zu integrieren ist Kapalabathi (die Lungenreinigung), eine intensive Atemübung, bei der stoßweise und kräftig die Ausatmung mit Unterstützung der Bauchmuskeln durchgeführt wird, gefolgt von einer ganz automatischen, passiven Einatmung.

Sitzen Sie dafür in einer angenehmen Position, halten Sie den Kopf gerade, die Wirbelsäule aufrecht und schließen Sie die Augen. Ihre letzte Mahlzeit sollte bereits einige Stunden hinter Ihnen liegen.

Legen Sie vielleicht am Anfang eine Hand sanft auf Ihren Bauch, um die kraftvolle Kontraktion Ihrer Muskulatur intensiv wahrzunehmen.

Atmen Sie schnell, stoßweise und aktiv unter Anspannung Ihrer Bauchmuskeln Ihre ganz Luft aus und lassen Sie im Anschluss die Atemluft passiv und leise wieder in ihren Körper einfließen. Halten Sie – mit Ausnahme Ihres Bauches – Ihren restlichen Körper vollständig entspannt. Achten Sie darauf, dass Sie nicht zu viel Bewegung beispielsweise durch Ihre Schultern mit einfließen lassen.

Üben Sie am Anfang nur zehn schnelle und kräftige Atemzüge und atmen Sie danach lang und tief durch die Nase normal ein und normal wieder aus. Dann können Sie die Übung wiederholen und auf bis zu fünf Runden ansteigen lassen. Ebenfalls können Sie probieren, Kapalabathi als Wechselatmung durchzuführen, indem Sie erst das rechte Nasenloch verschließen, zehn Atemzüge nehmen, eine tiefe normale Atmung folgen lassen und dann das linke Nasenloch verschließen, um die Atmung auf der anderen Seite zu wiederholen (siehe auch Jala Neti). Beenden Sie die Übung, wenn Sie merken, dass Ihnen vielleicht schwindelig wird. Steigern Sie Ihre Rundenanzahl mit Sorgfalt, hören und achten Sie dabei auf Ihren Körper.

Wenn Sie die Runden abschließen, lassen Sie Ihre Augen noch eine Weile geschlossen, legen Sie Ihre Hände auf Ihre Knie und spüren Sie in sich hinein.

Kapalabathi wirkt reinigend auf Ihre Lungen und die gesamten Luftwege bis hin zur Nase und ist von daher gut bei vielen Arten der Atemwegserkrankungen. Schleim wird gelöst und durch das kräftige Ausatmen mit Hilfe der Bauchmuskulatur wird Ihr Herz-Kreislauf – System intensiv angeregt und die Bauchorgane gut stimuliert. Sie werden sich schnell hellwach fühlen und genau aus diesem Grund ist es nicht ratsam, die Übung abends vor dem Schlafengehen zu praktizieren. Das Nervensystem wird insgesamt ausgeglichen.

Diese Übung sollten Sie generell nicht ausführen, wenn Sie Probleme mit dem Blutdruck haben oder unter Herz- oder akuten Lungenproblemen leiden. Magengeschwüre und weitere intensive Erkrankungen im Bauchraum, Schlaganfall oder Epilepsie sind ebenfalls ein Hinderungsgrund. Auch während einer Schwangerschaft sollten Sie auf Kapalabathi verzichten.

TRATAKA

Trataka (Reinigung der Augen) bereitet Ihren Geist sehr gut auf die Meditation vor, denn Sie konzentrieren sich hierbei intensiv auf ein einzelnes Objekt und beginnen dabei, Ihre übrigen Wahrnehmungskanäle auszuschalten.

Die Übung besteht darin, dass Sie sich eine Kerze in einem Abstand von etwa einem Meter auf Augenhöhe platzieren. Ziehen Sie sich für diese Übung etwas zurück, das fördert Ihre Konzentration.

Achten Sie darauf, dass der Docht der Kerze nicht zu lang ist, damit die Flamme nicht unruhig ist und das diese auch nicht im Windzug steht. Die Flamme sollte ruhig brennen. Setzen Sie sich in eine bequeme Haltung davor, halten Sie die Wirbelsäule aufrecht und den Kopf gerade. Als Brillenträger sollten Sie Ihre Brille besser absetzen (jedenfalls, wenn Sie weitsichtig sind, bei Kurzsichtigkeit nützt es Ihnen natürlich nichts, wenn Sie die Flamme dann nicht mehr sehen können).

Schließen Sie für einen Moment die Augen, atmen Sie entspannt ein und aus und bereiten sich innerlich auf die Übung vor.

Dann öffnen Sie die Augen und fokussieren die Flamme, vielmehr den hellsten Punkt der Flamme, den Sie knapp oberhalb des Kerzendochtes wahrnehmen. Ihr Körper bewegt sich nicht mehr, Ihre

Augen und Augäpfel bewegen sich nun ebenfalls nicht mehr, auch das Blinzeln stellen Sie ein. Behalten Sie die ganze Zeit eine ruhige und entspannte Atmung ein.

Übertreiben Sie nicht. Am Anfang reicht es völlig, sich ein oder zwei Minuten auf diese Flamme zu konzentrieren.

Wenn die Augen müde werden oder tränen sollten, schließen Sie sie sanft, konzentrieren sich aber weiterhin auf die Flamme. Es wird eine Weile dauern, aber nach kurzer Zeit sehen Sie das Abbild der Flamme vor Ihrem inneren Auge. Halten Sie Ihren Geist weiter ruhig. Wenn Sie Ihr Bild nicht mehr halten können, öffnen Sie erneut die Augen und betrachten die reale Flamme. Wiederholen Sie diese Übung zwei- bis dreimal. Reiben Sie anschließend Ihre Hände aneinander, bis hier Wärme erzeugt ist und geben Sie die warmen Handflächen über Ihre Augenhöhlen, um diese zu entspannen.

Trataka erhöht die Konzentration, verbessert das Gedächtnis, sorgt für einen klaren Blick und harmonisiert das gesamte Nervensystem. Nervliche Anspannung lässt nach, Depressionen, Ängste und Schlaflosigkeit werden entgegengewirkt.

Von dieser Reinigungsübung sollten Sie absehen, wenn Sie unter grünem Star leiden. Bei Epilepsie, Hornhautverkrümmung oder leichten Formen des grauen Stars können Sie alternativ - statt auf eine brennende Kerze - auf einen schwarzen Punkt starren, den Sie im selben Abstand anbringen.

Wenn Sie sich mit der Übung bereits ein wenig vertraut gemacht haben, werden Sie merken, dass das Tränen der Augen durchaus schneller einsetzen wird. Das heißt dann in dem Fall nicht, dass Sie schneller die Augen schließen sollten, sondern lassen Sie diese einfach geöffnet. Das ist mit etwas Übung gar kein Problem und die austretende Tränenflüssigkeit sorgt für die Reinigung der Augen, was ja durchaus gewollt ist!

Seien Sie achtsam mit sich, bleiben Sie achtsam mit sich und fragen Sie bei Ihrem erfahrenem Yogalehrer jederzeit nach, wenn Ihnen irgend etwas unklar sein sollte.

NOCH EIN PAAR WORTE ZUM SCHLUSS

Ich habe hier aus den einzelnen Shatkarmas in der Regel immer nur eine Variante vorgestellt. Wenn Sie sich mit dem Thema intensiver auseinandersetzen möchten, empfehle ich Ihnen weiterführende Literatur (siehe auch Seite 28).

Ich wollte hier bewusst nur einen ersten Eindruck weitergeben und habe mich für die Übungen entschieden, die aus meiner subjektiven Sicht die einfachsten sind, die sich in unseren gängigen Alltag einbinden lassen. Tatsächlich gibt es für die Shatkarmas unzählige Variationen.

Beeindruckend finde ich persönlich die vielfältigen Wirkungsweisen, die ja nicht nur auf den Körper abzielen, sondern auch auf den Geist und unsere Emotionen. Loslassen können und sich von etwas trennen fällt vielen von uns extrem schwer. Aber wer sich damit nicht aktiv auseinandersetzt, verpasst die Möglichkeit, damit auch frei zu sein und offen für Neues!

Es ist wieder wichtig geworden, in der heutigen Zeit selbst Verantwortung für die eigene Gesundheit und damit für das eigene Leben zu übernehmen! Und Sie sind bereits auf einem guten Weg. Halten Sie Ihren Geist immer offen und bleiben Sie neugierig!

Namasté

Ihre Nadja Curth-Schulczek

www.ayuryoma.de   www.facebook.com/yogasottrum

REZEPT: KHICHARI

ZUTATEN
- ✓ 1 Tasse halbierte gelbe Mungobohnen
- ✓ 1 Tasse Basmatireis (Menge kann jederzeit variiert werden, das Verhältnis ist immer 1 Teil Mungo, 2 Teile Reis)
- ✓ 2-3 TL Ghee
- ✓ 1 TL Kreuzkümmel ganz
- ✓ 2 Lorbeerblätter
- ✓ 1 EL frischer geriebener Ingwer
- ✓ 1 TL Kurkuma
- ✓ 1 kleine Zimtstange
- ✓ 2-3 grüne Kardamomsamen
- ✓ Salz nach Bedarf
- ✓ 8-8½ Tassen Wasser (4-4½fache Menge von Reis und Mungo)
- ✓ Nach beliebiger Menge kleingeschnittenes Gemüse, z. B. Zucchini, Karotten und Kürbis hinzugeben.

ZUBEREITUNG

Mungobohnen und Reis gut waschen, wenn möglich eine Stunde oder sogar über Nacht einweichen. Das ablaufende Wasser muss klar sein.

Ghee erhitzen und Kreuzkümmel hinzufügen, kurz anbraten, danach die restlichen Gewürze zufügen und nochmals kurz anbraten lassen. Nun die Mungobohnen und den Reis dazugeben und glasig andünsten. Salz hinzufügen. Mit dem Wasser aufkochen lassen, Hitze reduzieren und ca. 35-40 Minuten köcheln lassen, bis die Mungobohnen weich sind.

Zusätzlich Ghee erwärmen und ein bis zwei Eßlöffel pro Mahlzeit noch mit unterrühren.

WEITERFÜHRENDE LITERATUR / LINKS:

Asana Pranayama Mudra Bandha – Swami Satyananda Saraswati

ISBN: 978-3-928831-37-6

Yoga-Reinigung Shatkarma, Entgiften und verjüngen mit Yoga und Ayurveda – Alexander Kobs

ISBN: 978-3-86410-000-0

Villa Katharina in Bremen-Lesum:

http://www.orte-der-kraft-bremen.de/

E-Mail: curth@ayuryoma.de